BEI GRIN MACHT SICH IHR WISSEN BEZAHLT

- Wir veröffentlichen Ihre Hausarbeit, Bachelor- und Masterarbeit

- Ihr eigenes eBook und Buch - weltweit in allen wichtigen Shops

- Verdienen Sie an jedem Verkauf

Jetzt bei www.GRIN.com hochladen und kostenlos publizieren

GRIN

Sassan Gholiagha

Huntingtons dritte Demokratisierungswelle - Eine kritische Darstellung

GRIN Verlag

Bibliografische Information der Deutschen Nationalbibliothek:

Die Deutsche Bibliothek verzeichnet diese Publikation in der Deutschen National-
bibliografie; detaillierte bibliografische Daten sind im Internet über http://dnb.d-
nb.de/ abrufbar.

Impressum:

Copyright © 2006 GRIN Verlag GmbH
Druck und Bindung: Books on Demand GmbH, Norderstedt Germany
ISBN: 978-3-640-26287-8

Dieses Buch bei GRIN:

http://www.grin.com/de/e-book/65260/huntingtons-dritte-demokratisierungswelle-
eine-kritische-darstellung

GRIN - Your knowledge has value

Der GRIN Verlag publiziert seit 1998 wissenschaftliche Arbeiten von Studenten, Hochschullehrern und anderen Akademikern als eBook und gedrucktes Buch. Die Verlagswebsite www.grin.com ist die ideale Plattform zur Veröffentlichung von Hausarbeiten, Abschlussarbeiten, wissenschaftlichen Aufsätzen, Dissertationen und Fachbüchern.

Besuchen Sie uns im Internet:

http://www.grin.com/

http://www.facebook.com/grincom

http://www.twitter.com/grin_com

Universität Osnabrück
Fachbereich 01: Sozialwissenschaften

Wintersemester 2005/2006

Huntingtons dritte Demokratisierungswelle
Eine kritische Darstellung

Vorgelegt von:
Sassan Gholiagha
Studiengang: B.A. Social Sciences, Major Politik/Minor Soziologie
5. Semester

INHALTSVERZEICHNIS

1.0 Einleitung

In der hier vorgelegten Arbeit soll die Theorie des US-Amerikanischen Politologen Samuel P. Huntington zum Demokratisierungs- und Transformationsprozess (Huntington 1991) dargestellt und kritisch hinterfragt werden.

Zunächst einmal soll es nach einer kurzen Definition des Begriffs Demokratie um die von Huntington beobachteten ersten beiden Wellen gehen, bevor die Analyse der dritten Welle beginnt, die auch Hauptthema dieser Ausarbeitung ist. Die Gliederung entspricht, was die Darstellung der Theorie betrifft, die von Huntington. Zum einen wird dann ein Abgleich mit dem Originalwerk einfacher, zum anderen wird die Argumentationslinie an dieser Stelle beibehalten. Im weiteren Verlauf wird diese Gliederung erneut aufgegriffen, diesmal jedoch um Huntingtons Theorie schrittweise zu hinterfragen und in Teilen zu kritisieren.

In einem Fazit soll dann abschließend die Fragestellung dieser Arbeit beantwortet werden, die lautet: *Ist Huntingtons Demokratisierungstheorie richtig und wenn nicht, an welchen Stellen weißt seine Theorie Fehler auf?*

An dieser Stelle sei darauf hingewiesen, dass der Autor alleine aus Platzgründen gar nicht auf die von Huntington im dem Werk (Huntington 1991) beschriebenen Charakteristika der Demokratien dieser dritten Welle, die Hypothesen über Dauer dieser Demokratien, die Perspektiven oder auf eine mögliche „reverse wave" wie bei den ersten beiden Wellen beobachtet, eingehen. Diese Einschränkung hat jedoch noch einen anderen Grund. Der Autor sieht schon in den Grundannahmen Huntingtons (als dem „what, why and how?") Probleme und Fehler, von daher muss hier erstmal begonnen werden.

2.0 Zum Begriff der Demokratie bei Huntington

Wie zu erwarten findet sich in der Politikwissenschaft auch bei dem Wort Demokratie keine allgemeine oder gar umfassende Definition. Dafür ist der Begriff der Demokratie auch zu komplex und zu vielschichtig. Zunächst einmal soll an dieser Stelle Huntingtons Definition erläutert werden. Huntington verwendet eine an Schumpeter angelehnte Demokratiedefinition. Eine wie er es nennt – Prozedurahle – Definition, denn:

„The central procedure of democracy is the selection of leaders through competitive elections by the peoply they govern." (Huntington 1991: 6)

Demokratie hier also lediglich als Methode zur Auswahl von Regierungsmitgliedern. Diese Definition wird in Teil fünf der Ausarbeitung erneut aufgegriffen.

3.0 Die 1.und die 2. Welle

An dieser Stelle soll kurz auf die von Huntington beschriebenen ersten beiden Wellen eingegangen werden.

3.1 Die 1. Welle

Huntington definiert die 1. Welle für den Zeitraum 1828 – 1926 und definiert sie somit als
lange Welle. Die Wurzeln liegen in der Amerikanischen und Französischen Revolution, jedoch ist das entstehen der Nationaldemokratien definitiv dem 19. Jahrhundert zuzuordnen.
Der Zeitpunkt 1828 erklärt Huntington wie folgt. Jonathan Sunshines Kriterien sehr locker
folgend, lässt sich die US-Amerikanische Präsidentschaftswahl von 1828 als Demokratisch
bezeichnen, denn: Wähler sind 50% der Männer und es existiert eine Exekutive welche entweder eine Mehrheit in einem gewählten Parlament haben muss oder in regelmäßig stattfin-
denden Wahlen gewählt werden. (Huntington 1991: 16)

An dieser Stelle muss schon einmal Huntingtons Darstellung hinterfragt werden. Es wird
deutlich dass Huntington hier einen – aus heutiger Sicht – extrem eingeschränkten Demokratiebegriff wählt. Es stellt sich sogar die Frage, ob hier überhaupt von Demokratie gesprochen
werden kann.

Zu den Ländern der 1. Welle gehören laut Huntington neben den USA auch die Schweiz, die
britischen Überseegebiete, Frankreich, Großbritannien, mehrere kleinere europäische Länder
sowie einige andere. (Huntington 1991: 17).

3.2 Die 1. Rückwelle

In den 1920er und 1930er Jahren beobachtet man dann eine Abkehr von der Demokratie und
eine Rückkehr zu totalitären auf Massen basierenden System oder aber zu alten autoritären
Systemen. (Huntington 1991: 17)

3.3 Die 2. Welle

Die zweite Welle wird zeitlich auf 1943-1962 datiert und kann somit als kurze Welle klassifiziert werden. Vor allem durch die Alliierten, so Huntingtons These, sei diese Welle hervorgerufen. Zu den Ländern dieser Welle gehören Westdeutschland, Italien, Österreich, Japan und
Korea sowie Türkei, Griechenland, sowie eine Vielzahl von Lateinamerikanischen Ländern
(Huntington 1991: 18 – 19)

3.4 Die 2. Rückwelle

Anfang der 1960er Jahre hatte sich die 2. Welle erschöpft und schon ende der 1950er Jahre begann ein Rückschritt zu autoritären Regimen, Vor allem in Lateinamerika (Peru, Brasilien und Bolivien, Argentinien, Ecuador, Uruguay und Chile) kamen Militärregierung an die Macht die den Typus des „bürokratischen Autoritarimus" entwickelten. Auch in asiatischen Ländern kamen Militärdiktaturen an die Macht und auch in Griechenland sowie in Afrika kam es zu einer rückwärts gehenden Entwicklung hin zu autoritären Regimen.

4.0 Die 3. Demokratisierungswelle

Im folgenden Teil wird Huntingtons 3. Demokratisierungswelle detailliert dargestellt. Ein Schwerpunkt liegt hier auf die von Huntington genannten Gründe für diese Welle („Why?") und auf dem Transformationsprozess („How?").

4.1 Zeitlicher Rahmen („When?")

Der Beginn der dritten Welle wird von Huntington mit dem Ende der portugiesischen Diktatur 1974 festgelegt. In der Zeit bis 1989 „[...], *democratic regimes replaced authoritarian ones in approximatley thirty countries in Europe, Asia, and Latin America. In other countries, considerable liberalization occured in authoritarian regimes. In still others, movement promoting democracy gained strength and legitimacy."* (Huntington 1991: 21)

Diese Welle manifestierte sich, so Huntington, als erstes in Südeuropa und er beobachtet: „[...] *the movement toward democracy seemed to take on the charakter of an almost irresistible global tide moving on from one triumph to the next."* (ebenda)

4.2 Ursachen für die dritte Welle („Why?")

In diesem Abschnitt soll es um die verschiedenen Ursachen dieser dritten Welle gehen, an ihnen wird auch später ein Teil der Kritik an Huntingtons Theorie festgemacht.

4.2.1 Legitimations- und Leistungskrisen

Schon Rousseau stellte fest, dass der stärkste nie stark genug sein wird um immer der Herrscher zu bleiben, es sein Stärke wird in Recht und Gehorsam in Pflicht umgewandelt. So waren in vormodernen Gesellschaften Religion oder Traditionen häufig die Quelle von Legitimation (Huntington 1991: 46). Die Legitimationsprobleme mit denen autoritäre Regime des

20. Jahrhunderts zu kämpfen hatten, so stellt Huntington fest, so vielfältig wie die Regimetypen. Gemeinsam war ihnen allen jedoch, das die Legitimität dieser Regime abnahm, weil die Bevölkerung durch nicht eingehaltene Versprechen frustriert war (ebenda).

Ein Hauptgrund für die Legitimations- und Leistungskrisen war in vielen Ländern ökonomische Probleme, teils hervorgerufen durch externe Ereignisse wie die Ölkrise Anfang der 1970er Jahre, teils durch schwache Volkswirtschaften. Zu diesen Ländern gehörten z.b. die Philippinen oder Griechenland Ein weiterer wichtiger Grund waren Probleme mit dem Militär, so geschehen auf den Philippinen, Portugal, Griechenland oder Argentinien. (ebenda) Welche Möglichkeiten hatten die autoritären Regime gegen diese Krisen anzukämpfen?

Huntington zählt fünf Wege auf, um diesen Krisen zu begegnen.

Erstens könnten sie die Krise schlichtweg ignorieren, in der Hoffnung dass sich die Situation verbessern würde und sie an der Macht bleiben würden.

Zweitens, könnten sie ihre Bevölkerung noch mehr unterdrücken, Rousseau umkehrend also Pflicht in Gehorsam wandeln.

Drittens gäbe es laut Huntington die Möglichkeit einen Krieg nach außen zu beginnen, verbunden mit der Hoffnung ein dadurch evtl. entstehender Nationalismus würde Legitimität wieder herstellen.

Viertens könnten sie versprechen, dass sobald die Krise vorbei sei, eine Demokratisierung stattfinden würde und sie somit eine künstliche demokratische Legitimität für ihre Herrschaft produzieren würden.

Der fünfte Weg wäre, den Weg zum Ende des autoritären Regimes zu beginnen und ein demokratisches System einzuführen. (Huntington 1991: 55-57)

4.2.2 Wirtschaftliche Entwicklung und Wirtschaftskrisen

Huntington stellt klar, dass es zwar keinen direkten Zusammenhang zwischen einem höheren wirtschaftlichen Entwicklungsstand gibt, allerdings einen mittelbaren, der in der nachfolgenden Grafik deutlich wird (siehe nächste Seite):

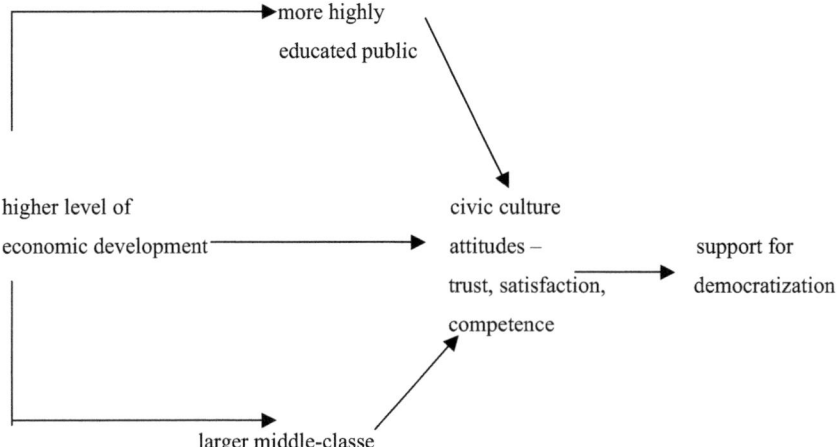

Abbildung 1: Ecomomic Development as a Factor in Democratization (Huntington 1991: Figure 2.1; 69)

Zunächst einmal stellt Huntington fest:

„An overall correlation exists between the level of economic development and decmocracy yet no level or pattern of economic development is in itself either necessary or sufficient to bring about democratization." (Huntington 1991: 59)

Es lassen sich drei ökonomische Faktoren feststellen, die auf die dritte Welle einwirkten. Erstens der schon genannte drastische Ölpreisanstieg, zweitens gab es Anfang der 1970er viele Länder, die ein Demokratieförderndes Wirtschaftliches Niveau erreicht hatten und drittens destabilisierte drastischer Wachstum die autoritären Regime einiger Länder. Diese Faktoren waren die wirtschaftliche Basis für die Demokratisierung der 1970er und 1908er Jahre (ebenda).

Huntington stellt anhand vom Bruttoinlandsprodukt pro Kopf fest, das als arm klassifizierte Länder zumeist nicht-demokratisch und als reich klassifizierte Länder meist demokratisch sind. Die Klassifikation wurde von der Weltbank anhand des Bruttoinlandsprodukt (BIP) /Kopf festgestellt.[1] Es gibt zwischen diesen beiden Gruppen allerdings noch eine Zwischen-

---

[1] Zu den „armen" Ländern gehörten unter anderem Äthiopien (130 US$ BIP/Kopf) und Liberia (450 US$ BIP/Kopf). Zu den „reichen" gehörten unter anderem Spanien (6,010 US$ BIP/Kopf) und die Schweiz (21,330 US$ BIP/Kopf) (Siehe Huntington 1991: 60)

stufe die sum die 1970er Jahre herum bei einem Level von ca. 500-1000 US$ liegt. (Huntington 1991: 61f.)

Dies lässt sich grafisch folgendermaßen darstellen:

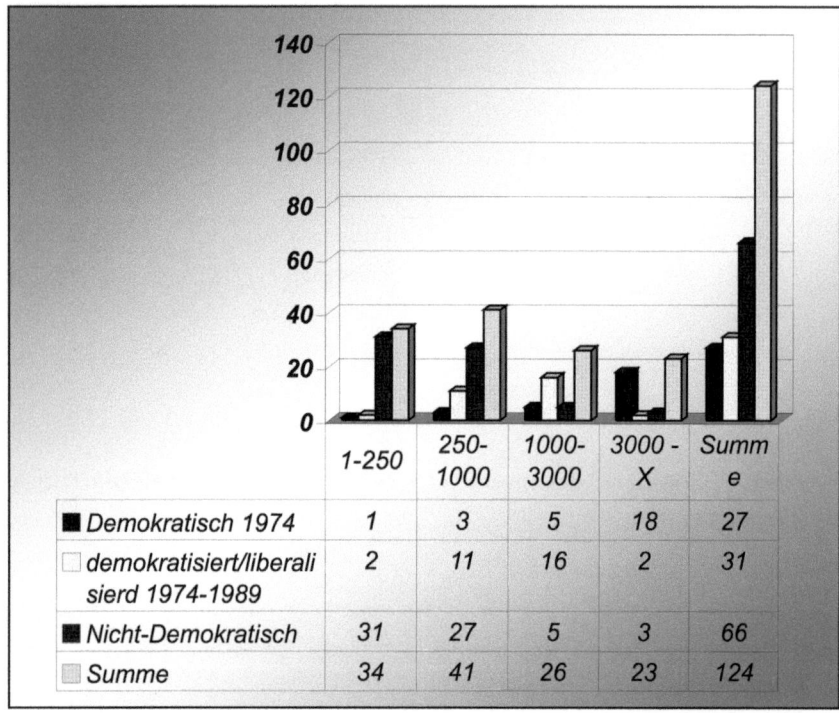

	1-250	250-1000	1000-3000	3000 - X	Summe
■ Demokratisch 1974	1	3	5	18	27
☐ demokratisiert/liberalisierd 1974-1989	2	11	16	2	31
■ Nicht-Demokratisch	31	27	5	3	66
☐ Summe	34	41	26	23	124

Abbildung 2: Wirtschaftliche Entwicklung und die dritte Demokratisierungswelle; Darstellung: Eigene; Quelle Huntington 1991: 62

Festzuhalten bleibt dennoch, dass Demokratisierung nicht einfach durch ein hohes wirtschaftliches Niveau geschieht, Gegenbeispiele sind z.B. die Tschechoslowakei und die DDR, die eigentlich schon demokratisch sein sollen, geht man von ihrem BIP Level (1976) aus und die UdSSR, Bulgarien, Polen und Ungarn waren inmitten der „Transitionszone". (Huntington 1991: 63)

Der Einfluss der ökonomischen Entwicklung auf dem Demokratisierungsprozess lässt sich anhand von Abbildung 1 zeigen. Ein hohes wirtschaftliches Niveau fördert eine zivilgesellschaftliche Entwicklung, erhöht den Bildungsstand einer Gesellschaft und fördert das entstehen eines Mittelstandes. Alle drei Faktoren sind dem Demokratisierungsprozess äußert förderlich. Gerade die Existenz eines Mittelstandes ist laut Huntington ein entscheidender Faktor zur Demokratisierung, da eben ein solcher Mittelstand häufig die Demokratisierung am aktivsten unterstützten[2] (Huntington 1991: 67)

4.2.3 Einfluss der Religion auf die Demokratisierung

Zwei Entwicklungen brachten die Demokratisierung während der dritten Welle voran. Zwar besteht nach Huntington zwischen Christentum und Demokratie eine hohe Korrelation, aber, wie Huntington selbst schreibt: *„This correlation does not prove causation."* (Huntington 1991: 73) und stellt weiter fest, dass in den 1960er und 1970er Jahren das Christentum kaum an Ausmaß gewann – mit der Ausnahme von Südkorea. Die zweite Entwicklung waren die Veränderungen innerhalb der katholischen Kirche. Drei Faktoren haben jedoch das Bild vom Zusammenhang zwischen Katholizismus und autoritären Systemen gestärkt. Erstens steht die katholische Kirche mit ihrem Schwerpunkt auf das Priesteramt im Gegensatz zu der evangelischen Ansicht über eine direkte Verbindung zwischen Gott und dem Individuum. Lipset stellt fest: *„Catholicism [...] appeared antithetical to democracy in pre World War II Europe and in Latin America."* (Huntington 1991: 75) Zweitens sind die Strukturen der evangelischen Kirche wesentlich demokratischer als die der katholischen. Drittens nennt Huntington die Webersche These von der Protestantischen Ethik und dem Geist des Kapitalismus die ja, wie oben gezeigt, Huntingtons Auffassung nach Demokratie fördernd ist (Kapitalismus, Entwicklung einer Bourgeoise und Wirtschaftswachstum) (ebenda). Dennoch scheint der Katholizismus eine entscheidende Rolle bei der Demokratisierung der „Dritten Welle Länder" zu haben. Huntington erklärt dies zum einen damit, dass Anfang der 1970er Jahre schon ein Grossteil der protestantischen Länder demokratisiert war (Südafrika und die DDR bildeten die Ausnahme). Die Weberianische These wird hier also nicht wirklich abgelehnt. Dies wird in der Kritik an Huntington auch wieder aufgenommen. Ein weiterer Grund für den erstarkenden Einfluss des Katholizismus sieht Huntington in dem seit den 1950er Jahren stärkerem Wirtschaftswachstum in den katholischen Ländern im Gegensatz zu den protestantischen Ländern. Der wesentlich einflussreichere Grund liegt für Huntington jedoch an den schon oben erwähnten Veränderungen innerhalb der katholischen Kirche die im Folgenden erläutert werden sollen. (Huntington 1991: 76)

---

[2] Huntington schreibt dazu: „ *Third wave movements for democratization were not led by landlords, peasants, or (apart from Poland) industrial workers. In virtually every country the most active supporters of democratization came from the urban middle class."* (Huntington 1991: 67)

Diese Veränderungen begannen schon während den 1960er Jahren und betrafen sowohl nationale Kirchen als auch die transnationale Institution Katholische Kirche. Die Veränderungen im globalen Begannen mit dem 2. Vatikanischen Rat von 1962-1965. Nach Ansicht des Rates hatten Kirchenführer die Verantwortung: „ [...] [to] *pass moral judgments, even on matters of the political order whenever basic personal rights ... make such judgment necessary.*" (Huntington 1991: 78). Kurzum, dies war die Weisung, sich in das politische Geschehen von Staaten einzumischen und die Veränderungen auf nationaler Ebene begannen. So lässt sich auch erklären warum in vielen Ländern früher oder später ein Bruch zwischen Kirche und Staat geschah. In Folge dessen reagierten die meisten Regime mit Gewalt und Repressionen gegen Mitglieder der Kirche. Repressionen in Form von Verhaftungen, Folter oder sogar Mord. Die durch letzteres entstehenden Märtyrer waren natürlich eine weitere Verstärkung dieser Trennung. Als Pabst Johannes Paul II gewählt wurde, bezog die Katholische Kirche als globale Institution noch deutlicher Position zu Fragen der Politischen Ordnung, als sie dass sowieso schon getan hatte. Ein Zitat bei einem Besuch in Chile macht dies mehr als deutlich: „ *I am not the evangelizer of democracy; I am the evangelizer of the Gospel. To the Gospel message, of course, belong all the problems of human rights; and, if democracy means human rights, it also belongs to the message of the Church.*" (Huntington 1991: 84) Huntington kommt zu dem Schluss dass ohne die Katholische Kirche ein Großteil der Länder der dritten Welle nicht demokratisiert worden wären. Ein Logo für die dritte Welle, so Huntington, wäre Passenderweise eine Kreuz auf einem Dollarzeichen (Huntington 1991: 77 – 85).

4.2.4 Außenstehende Akteure

In diesem Abschnitt soll es um den Einfluss ausländischer Akteure auf die Demokratisierung der Dritten Welle Länder gehen. Bevor es um einige spezielle Akteure gehen soll (Europäische Institutionen, die USA und die Sowjetunion), macht Huntington einige einführende Bemerkungen die zunächst einmal vorgestellt werden sollen.

1970 waren nach Huntington 25 Länder demokratisch und Dahl stellte fest, dass Demokratien in zwei verschiedenen Perioden demokratisch wurden. Entweder während eine Fremde Macht das Land beherrscht, oder während keine Fremde Macht das Land beherrschte. An dieser Stelle geht Huntington auch auf die Tatsache ein, das Außenstehende Akteure natürlich auch Demokratisierungsprozesse verlangsamen oder gar verhindern könnten, vertieft dies aber nicht weiter (Huntington 1991: 85-86).

Die Europäischen Akteure

Mit der Gründung der Europäischen Gemeinschaft wurde ein Anreiz zur Demokratisierung für die anderen nicht-demokratischen Länder Europas geschaffen, da eine Mitgliedschaft in der Europäischen Gemeinschaft unter anderem aus wirtschaftlichen Gesichtspunkten wünschenswert war. Der Beginn der dritten Welle fiel mehr oder weniger zufällig mit der Konferenz für Sicherheit und Zusammenarbeit in Europa (KSZE) zusammen, der Helsinki Schlussakte und dem Helsinki Prozess. Nach Huntington waren es drei Faktoren, die aus diesem Prozess entstanden und die Demokratisierung in Osteuropa vorantrieb. Erstens: Die Schlussakte (unterzeichnet von 35 Europäischen und Nordamerikanischen Staaten), setzte Menschenrechte sowie grundlegende Freiheitsrechte (Meinungs-, Gewissens-, Glaubens und Religionsfreiheit) Sie beinhaltete auch die Überwachung dieser Reche in den Unterzeichnerstaaten. Ein zweiter Faktor war, dass die Ost-Grenzen Europas (durch die Sowjetunion festgesetzt) von Westeuropa akzeptiert worden waren. Im Gegenzug versprach die UdSSR das Einhalten der vereinbarten Menschen- und Freiheitsrechte. Diese Vereinbarung wurde von den USA scharf kritisiert und es wurde sehr stark gedrängt, das Einhalten der Rechte zu überwachen. Drittens wurden durch den Helsinki Prozess in vielen Ländern Kontrollgremien zur Überwachung der vereinbarten Rechte eingesetzt. Zusammenfassend lässt sich also sagen, dass die Akteure auf Europäische Ebene aktiv Demokratisierung vor allem in Osteuropa vorantrieben, zugleich war Demokratie aus ökonomischer Sicht reizvoll, denn sie ermöglichte einen Beitritt in die europäische Gemeinschaft. (Huntington 1991: 87 – 91)

USA

Die Rolle der USA wird von Huntington zwar als nicht genau bewertbar betrachtet, dennoch ist die Analyse eher positiv. Anfang der 1970er Jahre begannen die USA mit einer aktiven Außenpolitik, mit dem Einbinden der Menschenrechte in die Außenpolitischen Ziele, und unterstützen den Demokratisierungsprozesse mit verschiedenen Mitteln.

1) Durch Stellungnahmen von Präsidenten, Diplomaten, Ministern und anderen Regierungsmitgliedern sowie durch Radiosender.

2) Durch Wirtschaftlichen Druck und Sanktionen.

3) Durch Diplomatie. Diplomaten in autoritär regierten Ländern stellen sich z.T. offen auf die Seite der demokratischen Opposition oder machten deutliche Aussagen in Bezug auf die nicht-demokratischen Regierungen in den Ländern.

4) Durch Materielle Unterstützung von demokratischen Oppositionsgruppen.

5) Durch Militäraktionen.

Es stellt sich hier die Frage inwieweit diese Aktionen zur Demokratisierung beitrugen. Den größten Einfluss hatte laut Huntington die aktive Unterstützung von Demokratischen Werten. Weiter stellt Huntington fest, dass die Rolle der USA in einigen Ländern sehr direkt und extrem wichtig war. Dies geschah zum Beispiel durch die Vermittlung zwischen autoritären Regimen und der demokratischen Opposition. Die Länder deren Regime jedoch autoritär bleiben wollten, hielten von der Einmischung der USA sehr wenig und kritisierten die USA entsprechend stark. Alles in allem kommt Huntington zu dem Schluss, dass in einigen Staaten (vor allem in Lateinamerika aber auch in einigen asiatischen Ländern) der Einfluss sehr stark war und Demokratisierungsprozesse unterstütze. In anderen Ländern wurde der Demokratisierungsprozess aufgehalten. Er geht jedoch nicht näher darauf ein. Auch dies wird im folgenden Teil der Arbeit Anlass zur Kritik bieten und dort wieder aufgegriffen.

Die Sowjetunion

Mit Gorbatschows neuer Politik änderte sich die politische Lage in Osteuropa radikal.

Die Sowjetische Regierung machte klar, dass sie die kommunistischen Diktaturen nicht unterstütze würde, sondern im Gegenteil eine politische Reform und wirtschaftliche Freiheit anstrebte. Weiterhin machte die Regierung im Kreml deutlich, dass sowjetische Truppen nicht zum Niederschlagen von Demokratischen Protesten verwendet werden würden. Alles in allem was es also ein Verzicht des Sowjetischen Machtanspruches, der den Demokratisierungsprozess in Europa voran brachte. (Huntington 1991: 98-100)

4.2.5 Schneebälle und ähnliches

Ein fünfter Faktor für den Demokratisierungsprozess waren Demonstrationseffekte.

Welchen Einfluss hatte also ein Demokratisierungsprozess in einem Land auf andere Länder?

Erstens: Gruppen wurde gezeigt das Gruppen in anderen Ländern in der Lage waren autoritäre Regime zu beenden.

Zweitens wurde gezeigt wie Demokratie funktionieren konnte.

Drittens konnten Fehler die andere Länder gemacht hatten, von Nachfolgern verhindert werden.

Generell lässt sich sagen, dass dieser Faktor in der dritten Welle einen wesentlich größeren Einfluss hatte als in den beiden Wellen davor. Am Stärksten war dieser Effekt in geographisch und kulturell ähnlichen Ländern. Jedoch waren natürlich nicht die ersten Länder der dritten Welle aufgrund dieses Effekts demokratisiert worden, sondern aufgrund von einer Vielzahl von anderen Ereignissen, die ja schon weiter oben in aller Ausführlichkeit erläutert worden sind.

4.3 Der Demokratisierungsprozess („How?")

4.3.1 Typen autoritärer Regime

Der Demokratisierungsprozess lässt sich nicht generalisieren, da es unterschiedliche Anfangs-
und Endpunkte gibt, die folgerichtig in verschiedene Demokratietypen enden. Die verschiedenen Anfangspunkte sind die unterschiedlichen autoritären Regime. Auf die im Folgenden
kurz eingegangen werden soll.

Ein-Parteien-Systeme:

Diesen Typus war vor allem in den Ostblock-Staaten an der Tagesordnung, aber auch noch
heute ist es in kommunistischen Staaten, in Taiwan oder Mexiko zu finden. Hier hat die Partei
ein Monopol auf Macht. Der Zugang zur Macht war/ist nur durch die Partei möglich und als
Basis der Partei wurde/wird fast immer eine Ideologie verwendet.

Militärregime:

Diese Art von autoritären Regimen ist zumeist durch einen Staatsstreich, d.h. durch einen
„von oben" unternommenen Umsturz der Verfassungsmäßigen Regierungsstruktur im Staat,
an die Macht gekommen. Hier ist das Militär die Machtausübende Instanz. Regiert wird entweder gemeinsam als eine Junta, oder durch ein Rotationsprinzip der höchsten Generäle. Dieser Typus war/ist vor allem in Lateinamerika, aber auch in Griechenland, der Türkei, Pakis-
tan, Nigeria oder Südkorea zu finden.

Diktaturen:

Hier ist ein einzelner Führer die absolute Autorität und die einzige Machtquelle. Beispiele
sind Portugal oder Salazar und Caetano, Spanien unter Franco, die Philippinen unter Marcos
oder Rumänien unter Tschautschewsko. (Huntington 1991: 109-124)

4.3.2 Drei Arten der Demokratisierung

Im Folgenden soll nun auf die drei Arten der Demokratisierung eingegangen werden, die
Huntington nennt.

Transformation

Eine Transformation findet dann statt, wenn die Machthaber in autoritären Regimen selbst
den Demokratisierungsprozess anführen. Die Abgrenzung zum *Transplacement* ist ver-
schwommen und einige Fälle haben Anteile von beiden Arten der Demokratisierung. Als Beispiele für Transformationsprozesse nennt Huntington Spanien, Brasilien und Ungarn. Auch
die Sowjetunion nennt Huntington als Kandidat für diese Art der Demokratisierung. Mit dieser Analyse sollte er Recht haben. Dennoch unterscheiden sich Spanien und Brasilien vonein-

ander. Während in Brasilien ein *top-down* Prozess stattfand, konnte man in Spanien eine Zusammenarbeit von Reformern mit der Diktatur sehen. (Huntington 1991: 124 – 142)

Replacement

Replacement dagegen ist ein vollkommen anderer Prozess. Reformer innerhalb des Regimes sind kaum vorhanden. Es sind die Oppositionsgruppen die das Land zur Demokratie führen. Die autoritären Regime werden entweder gestürzt oder brechen zusammen.

Transplacement

Beim *Transplacement* handelt es sich um eine Art Mischtyp zwischen Transformation und *Replacement*. In diesem Fall arbeiten Regierung und Opposition zusammen. Dies funktioniert, weil der Anteil der reformwilligen innerhalb des autoritären Regimes hoch genug ist, um Verhandlungen mit der Opposition zu beginnen, jedoch ein Regime Wechsel vom Regime selbst nicht durchgeführt werden will. Als Beispiel nennt Huntington Polen, Tschechoslowakei, Uruguay, Korea, sowie zumindest in Teilen des Demokratisierungsprozesses Bolivien, Honduras, El Salvador und Nicaragua. (Huntington 1991: 151)

5.0 Kritik an Huntingtons Theorie der Demokratisierung

Im folgenden Teil soll nun die ausführlich dargestellte Theorie Huntingtons kritisiert werden. Zunächst findet eine Auseinandersetzung mit Huntingtons Demokratiebegriff statt, bevor dann die Einzelnen schon oben erläuterten Ursachen kritisch hinterfragt werden sollen.

5.1 Zu Huntingtons Begriff der Demokratie

Wie schon oben erläutert, verwendet Huntington einen sehr methodisch geprägten Begriff der Demokratie und führt Kriterien ein, die mit dem bundesrepublikanischen Demokratieverständnis nicht übereinstimmen. Wird Demokratie – wie bei Huntington der Fall – nur als Methode zur Auswahl von Regierungen gesehen, so findet ein entscheidender Prozess nicht statt: Die Demokratisierung der Bevölkerung. In der allgemeinen Erklärung der Menschenrechte durch die Vereinten Nationen heißt es in Artikel 21:

„(1) Jeder Mensch hat das Recht, an der Leitung der öffentlichen Angelegenheiten seines Landes unmittelbar oder durch frei gewählte Vertreter teilzunehmen. (2) Jeder Mensch hat unter gleichen Bedingungen das Recht auf Zulassung zu öffentlichen Ämtern in seinem Lande. (3) Der Wille des Volkes bildet die Grundlage für die Autorität der öffentlichen Gewalt; dieser Wille muß durch periodische und unverfälschte Wahlen mit allgemeinem und gleichen

Wahlrecht bei geheimer Stimmabgabe oder in einem gleichwertigen freien Wahlverfahren zum Ausdruck kommen." (Massing/Breit 2005: 320 – 321)

Hier wird deutlich, dass zur Wahrung und Wahrnehmung von Menschenrechten, eine Demokratisierung der Bevölkerung stattfinden muss, damit die gleichen Bedingungen auf die Zulassung zu öffentlichen Ämtern ermöglicht wird. Werden Staatsbürger/innen lediglich als Stimmenproduzenten betrachtet, die alle vier oder fünf Jahre zur Wahl gehen soll, dann aber die Politik wieder den Politikern überlassen sollen, so kann sich eine echte Demokratie nicht entwickeln. Weimar hat gezeigt, dass eine Demokratie ohne Demokraten keine stabile Demokratie hervorbringen kann. Wenn Huntington hier also Demokratie lediglich als Methode betrachtet, so werden hier nicht nur Länder als Demokratien klassifiziert, welche in dem oben beschriebenen erweiterten Verständnis, keine sind. Huntington übersieht und missachtet damit einen fundamentalen Kern der Demokratie: Die mündigen und politisch aktiven Staatsbürger/innen.

5.2 Zu den Ursachen („Why not")

Huntington zählt eine Vielzahl von Gründen auf, jedoch wird nur das aufgelistet, was für seine Analyse spricht. Zum Teil ist seine Analyse auch zu einseitig und lässt Raum für gefährliche Interpretationen.

5.2.1 Legitimations- und Leistungskrisen

Eine der laut Huntington wichtigsten Faktoren die zur Entstehung von Leistungs- und Legitimationskrisen beitragen, ist die wirtschaftliche Lage eines Landes. Kritisch ist hierbei, dass Demokratisierung im Umkehrschluss von ökonomischer Entwicklung abhängig gemacht wird. Dieser Argumentation folgend, ist Demokratisierung also nur dann möglich, wenn ein Bestimmtes Level an Wohlstand und volkswirtschaftlichem Wachstum erreicht wurde, Länder sich also in das kapitalistische System integriert haben. Mit dieser Argumentation arbeiten Organisationen wie der Internationale Währungsfond (IWF) oder die Weltbank. Sie fordern für ihre Finanzspritzen häufig dramatische Reformen in Ländern, die für diesen in Europa stattgefunden historischen Prozess, schlichtweg noch nicht soweit sind. Was das aufdrücken eines nicht selbst gewachsenen Wirtschaftssystems bewirkt, hat sich in der jüngsten Geschichte in Argentinien gezeigt, aber auch mit der Wiedervereinigung haben wir ein Beispiel der jüngeren bundesrepublikanischen Geschichte. Huntingtons Theorie liefert jedoch an dieser Stelle eine Legitimation für neoliberale Wirtschaftsstrukturen, weil sie als notwendiger Faktor für die Demokratisierung dargestellt werden (www.bueso.de, 2005 sowie: Dümcke/Vilmar 1995: 34-36)

5.2.2 Wirtschaftliche Entwicklung und Wirtschaftskrisen

Huntington geht ebenfalls von einer mittelbaren Verbindung zwischen Wirtschaftswachstum und Demokratisierungsprozessen aus. Dort wo dieser Erklärungsansatz offenkundig versagt werden dann eben andere Faktoren herangezogen. Doch auch ein anderer Punkt in dieser Argumentation ist kritisch zu hinterfragen. Wirtschaftliche Entwicklung bedeutet heutzutage, dass sich ein Land dem Weltmarkt öffnet, ohne das die Konsequenzen für die nationale Ökonomie wirklich bedacht werden. Damit taucht das schon oben erläuterte Problem des „künstlichen" Wirtschaftssystems erneut auf. Kapitalismus wird damit – zumindest mittelbar – als *conditio qua non sine* dargestellt. Eine Position die durchaus kritisch zu betrachten ist. (Atlas der Globalisierung 2003: 22 – 23)

5.2.3 Religiöse Veränderung

Huntingtons Ansicht nach war es vor allem das Christentum – insbesondere der Katholizismus – für den Demokratisierungsprozess von entscheidender Bedeutung war. Zwar lehnt Huntington eine direkte Verbindung zwischen Christentum und Demokratisierung ab (Huntington 1991: 73). Jedoch wird die Rolle der Katholischen Kirche ausschließlich Positiv gewertet und erst dann in die Analyse aufgenommen, wenn sich ein Bruch zwischen Kirche und Staat abzeichnete. Dies impliziert jedoch, dass vor diesem Zeitpunkt eine wie auch immer geartete Zusammenarbeit zwischen Kirche und autoritärem Regime stattgefunden haben muss, doch darüber verliert Huntington kein Wort. Des Weiteren wird hier implizit die Aussage getroffen, der Islam oder andere Religionen seien eben nicht „Demokratiefähig".[3] (Vergleiche dazu: Massarrat 1996: 16)

5.2.4 Außenstehende Akteure

Insbesondere bei den Außenstehenden Akteuren muss Huntington aufs schärfste kritisiert werden. Lediglich „positives" Engagement von Außenstehenden Akteure wird aufgezählt. Als Beispiel kann hier der Eingriff der USA in Chile sein. Am 11. September 1973 wurde der demokratisch gewählte Präsident Alliende mit Hilfe der CIA gestürzt.[4] (de.wikipedia.org; 2005) Aber es muss hier auch die Frage gestellt werden, inwieweit das eingreifen fremder

---

[3] Eine Aussage, die sich auch schon in Webers *Protestantische Ethik und der Geist des Kapitalismus* (Weber 1912) wieder findet, hier in Bezug auf Aufklärung und industrieller Revolution.

[4] Auch wen dies nicht endgültig bewiesen werden konnte, so deutet doch vieles darauf hin.

Kräfte in souveräne Staaten überhaupt unkritisch bewertet werden kann und genau dies tut Huntington jedoch mehrfach in diesem Teil der Analyse.

5.2.5 Schneebälle und ähnliches

An diesem Punkt von Huntingtons Theorie lässt sich ein Kritikpunkt festmachen, der im Grunde genommen für die gesamte Theorie von Huntington gilt. Die Aussage des quasi Kopierens von Demokratisierungsprozessen in anderen Ländern impliziert dass es ein „Rezept" für Demokratisierung gib. Huntington macht dies an diversen Stellen im Buch mit Anleitungen zur Demokratisierung für verschiedene Ländertypen deutlich. (Vergleich Huntington 1991: 141 – 142; 149 – 151; 162 – 163). Dies impliziert, dass bestimmte Handlungen und Entwicklungen notwendig sind um ein Land zu Demokratisieren. Dass damit bestimmte normative Vorgaben beinhaltet sind, versteht sich von selbst. Dies allerdings lässt kaum Raum für alternative Demokratisierungsprozesse außerhalb der „Huntingtonschen Methode".

6.0 Fazit

Noch einmal zur Erinnerung: Die Fragestellung dieser Arbeit lautete:

Ist Huntingtons Demokratisierungstheorie richtig und wenn nicht, an welchen Stellen weißt seine Theorie Fehler auf?

Dazu lässt sich folgendes feststellen:

Huntington hat den Versuch unternommen eine umfassende Theorie der Demokratisierung zu entwickeln. Es ist nicht mehr als ein Versuch geworden. Die zum Teil zu oberflächlichen Analysen offenbaren sich bei genauerer Analyse mehr als deutlich. Huntington hat dermaßen viele Faktoren und Erklärungsansätze gesammelt, dass man damit quasi jeden Demokratisierungsprozess erläutern kann. Doch dies ist nicht Aufgabe einer Theorie.

*„Der entscheidende Unterschied zwischen theoretischen und nichttheoretischen Aussagen liegt darin, dass die erste eine **Abstraktion** aufweißt und die letzte nicht."* (Gu 2000; 1 Hervorhebungen S.G)

Anders gesagt: Huntington hat seine Theorie so umfassend gemacht, dass sie eigentlich nicht mehr ausreichend abstrahiert.

Ein weitere Vorwurf der schon in der Kritik formuliert wurde, ist der, dass Huntington durch seinen Erklärungsansatz bestimmte Geschehnisse und bestimmte eine bestimmte Wirtschaftspolitik als *conditio qua non sine* definiert.

Ein dritter Vorwurf ist Huntington dahingehend zu machen, dass er die Ereignisse die er als Grundlage seiner Theoriebildung nimmt, äußerst selektiv auswählt und darstellt. Was nicht in das Schema passt, wird raus gelassen, so z.B. die oben beschriebenen Geschehnisse Anfang der 1970er Jahre in Chile.

Des Weiteren fällt bei der Lektüre Huntingtons sein teilweise doch sehr eurozentrischer Blick auf die Geschehnisse in der Welt auf.

Man muss also zu dem Schluss kommen, dass Huntington mit dem Versuch gescheitert ist, eine umfassende Theorie der Demokratisierung zu entwickeln und die Theorie für die Erklärung von Demokratisierungs- und Transformationsprozessen nur sehr begrenzt zu verwenden ist. Positiv anzumerken bleibt jedoch, dass Huntington mit dem Werk diverse Faktoren aufgezählt und beschrieben hat, die sicherlich in dem Prozess der Demokratisierung einiger Länder ein nicht zu unterschätzende Rolle gespielt haben. Für die Demokratisierungs- und Transformationsforschung hat er – trotz aller Kritik – eine Grundlage geschaffen. Lediglich die normative Interpretationen und die damit verbundenen Handlungsanweisungen sich aus Sicht des Autors abzulehnen.

7.0 Literaturverzeichnis

Monographien und Aufsatzsammlungen:

Dümcke, Wolfgang; Vilmar, Fritz (Hrsg.): „Kolonialisierung der DDR. Kritische Analysen und Alternativen des Einigungsprozesses", Agenda Verlag, Münster, 1995

Gu, Xuewu; „ Theorien der internationalen Beziehungen: Einführung", Oldenbourg Verlag München/Wien, 2000

Huntington, Samuel P: „The Third Wave: Democratization in the late twenthieth century", University of Oklahoma Press, Oklahoma/USA, 1991

LE MONDE diplomatique (Hrsg.): „ Atlas der Globalisierung", Le Monde diplomatique/ taz Verlags- und Vertriebs GmbH, Berlin, 2003 (3. Auflage)

Massarrat, Mohssen: „Einleitung: Aufstieg des Okzidents und Fall des Orients" in: „Massarrat, Mohssen (Hrsg.): „Mittlerer und Naher Osten – Eine Einführung in die Geschichte und die Gegenwart", Agenda Verlag Münster, 1996

Massing, Peter und Breit, Gotthard (Hrsg.): „Demokratie-Theorien Von der Antike bis zur Gegenwart", Bundeszentrale für politische Bildung (Lizenzausgabe), Bonn, 2005

Internetquellen:

http://www.bueso.de/seiten/aktuell/20-04-05.htm letzter Zugriff am 15.2.2006

8.0 Verzeichnis der Abbildungen